SANAR PARA SANARME

ExLibric

CRISTINA REYES FERRIS

SANAR PARA SANARME

EXLIBRIC

ANTEQUERA 2024

SANAR PARA SANARME
© Cristina Reyes Ferris
Diseño de portada: Dpto. de Diseño Gráfico Exlibric

Iª edición

© ExLibric, 2024.

Editado por: ExLibric
c/ Cueva de Viera, 2, Local 3
Centro Negocios CADI
29200 Antequera (Málaga)
Teléfono: 952 70 60 04
Fax: 952 84 55 03
Correo electrónico: exlibric@exlibric.com
Internet: www.exlibric.com

ISBN: 978-84-10076-60-0
Depósito Legal: MA 1555-2024

Impresión: PODiPrint
Impreso en Andalucía – España

Nota de la editorial: ExLibric pertenece a Innovación y Cualificación S. L.

CRISTINA REYES FERRIS

SANAR PARA SANARME

Uniendo los puntos

Buscando ideas para la introducción de mi libro me topé con una página de psicología que llevaba por título una frase de Carl Jung (médico y psiquiatra suizo): «Hasta que hagas consciente al inconsciente, este dirigirá tu vida y tú lo llamarás destino». Me pareció curioso y acertado para este viaje que comenzó, ahora lo voy entendiendo, desde antes de nacer y en el que sigo navegando.

He llegado hasta aquí y ahora todo lo escrito, todo lo vivido, se asemeja a esos dibujos en los que tienes que unir los puntos siguiendo el número pequeñito que llevan al lado. La mayoría parecen fáciles y está claro, pero otros no tanto. Y es que, desde el primer relato hasta el penúltimo poema todavía en gestación, hay nexos que conectan entre sí, y estos, a su vez, atraen situaciones, personas e incluso lugares como una red que se va formando mientras la musa, que casi estoy convencida de que soy yo misma, me dicta para seguir creando nuevos trazos que en algún momento confluirán con lo ya dibujado.

Noviembre

Era noviembre y, a pesar de que el otoño ya había traspasado su propio meridiano, invitaba al sol a ser casi abrumador, se fijaba en ella con fuerza mientras, ensimismada, recordaba de qué manera, casi al primer instante, se había refugiado en ese lugar como en una especie de simbiosis ambiental. Era apacible; la reconfortaban los campos verdes salpicados con casitas entejadas, coreados por los cantos de mirlos y gorriones; algo así como encontrarse dentro de un lienzo que solo el mar, a lo lejos, era capaz de sesgar.

Desde pequeña siempre había creído en las señales y en que las cosas clave en la vida pasan por algo. Sin duda, esta era una de ellas, pues no se trataba de un mero paraje inductor a la tranquilidad, sino que, ciertamente, encerraba algo más. Podía sentirlo. Aunque al principio lo dudó creyendo que se trataba de una excusa para disfrazar sus horas de soledad, acabó desechando la idea, ya que, a pesar de ser verdad, jamás allí se sintió sola.

Poco a poco fue convirtiéndose en casi un ritual. Ansiaba envolverse. Muchas veces al caer la noche se encontraba deseando, casi rogando, poder disfrutar al día siguiente de nuevo del sol en su cuerpo, y que el viento o la brisa volvieran para que fuera perfecto. De alguna manera se fue convirtiendo en una rutina necesaria, y cuando la mañana era gris o lluviosa, su humor también se contagiaba, hasta las horas parecían hacerse más largas.

Fue entonces cuando empezó a notarlo: dejó de contenerse bajo esa perspectiva de paisaje; se negaba a ser percibido sólo cuando ella salía a disfrutarlo; la seguía incorpóreo como un halo sigiloso produciendo en ella, aunque vago y sin tintes dramáticos, cierto estupor al creer notarlo. Otras veces se paraba para intentar escucharlo. Lo hacía cada vez con más frecuencia para que aquella sensación le transmitiera hacia dónde la estaba empujando.

Decidida a encontrar respuestas, entendió que debía conectar con su yo más profundo, ese que en muchas ocasiones resolvió dejar aparcado. Tenía que enfrentarse a las cosas, dejar a un lado todo escudo y lanzarse sin protecciones. Probó suerte buceando en su memoria entrelazando guiños, esos que para los demás pasan inadvertidos, aunque para ella significaban destino, y rescató poemas prometidos e inacabados que le causaban dolor, pero en los que afloraba su esencia. Sin duda, era ahí donde más era ella.

Anduvo por los pasillos que siempre había temido. No le gustaba cruzarlos, la removían por dentro; observar a la gente, sus nombres, sus vidas medidas y esculpidas en piedra fría... Las había por centenares, pero ningunas presentes. En ese lugar no tenían cabida cuentos ni fábulas. Las hadas jamás vendrían a quedarse.

Evocó vivencias, pesares del pasado que no cesaron ni a través de los años, e intentó adivinar en los retratos de seres añorados alguna señal, pero fue en vano.

Empezaba a flaquear. A estas alturas se había vuelto necesario entenderse con el ente. Había crecido, lo sentía más fuerte, se cernía sobre ella abrazándola, hasta parecía ser la causa de su despertar en medio de la madrugada, como si la vigilara. Fue entonces cuando comenzó a dudar del camino que había emprendido. Estaba exhausta y su otro yo más liviano, el que la había sacado tantas veces de tristezas y miedos, pugnaba por salir a respirar de nuevo.

Tiró del salvavidas que siempre le funcionó y convirtió en convicción buscar una historia que la abstrajera, que la apartara de aquella sincronía que ya formaba parte de ella para después, quizá, volver con más fuerza.

Ante ella se postraba la pequeña librería, una de esas sin solera que se encuentran en algunos supermercados. Deambulaba más bien dispersa, dubitativa, pero, de pronto, algo llamó su atención. De inmediato lo sostuvo acariciando sus lomos, aspiró el olor a nuevo y, apenas abriendo sus primeras páginas, lo supo:

«ERA NOVIEMBRE», leyó.

MAR DE VIDAS

Hacía ya algún tiempo que Vera se ensimismaba en sus pensamientos y lo hacía mirando al mar, como si buscase alguna respuesta que diera sentido a todo lo vivido. Aquel inmenso azul era uno de los pocos alicientes que quedaban en su vida. Allí todo parecía paralizarse: los recuerdos, el dolor; era como entrar en una especie de trance. Pasaba horas frente a él, se dejaba envolver por los sonidos, el olor a sal, hasta las olas más embravecidas conseguían un efecto casi embriagador en ella.

Lo había intentado todo: perdonarse, perdonar, dietas y ejercicio saludables… También el otro lado, el de las batas blancas y los analgésicos, pero nada funcionó o no duró lo suficiente como para considerar que había sanado por completo. Lamentablemente, llegó a la conclusión de que cuando la infelicidad se convierte en algo cotidiano es casi imposible encontrar cura.

Empezó a anochecer, pero Vera apuraba para regresar. De hecho, hasta que sus huesos se resentían por la humedad, no recogía sus escasos bártulos y volvía a casa, que quedaba relativamente cerca. Por el camino casi siempre encontraba gente conocida con la que era amable, pero sin profundizar demasiado. Era algo que había aprendido de sí misma a medida que se fue haciendo mayor. Si bien sus males tuvieron mucho que ver también (en más de una ocasión se valió de ellos), fueron, paradójicamente, un salvavidas para no involucrarse demasiado con las personas, pues había sido en numerosas ocasiones uno de sus puntos débiles.

Apenas entró por la puerta encendió todas luces. No le gustaba la oscuridad, ni siquiera cuando la migraña le atacaba, y no porque su casa fuera grande o tuviera recovecos, nada más lejos de la realidad. Era más bien pequeña, pero decorada con mimo y en su mayoría con pinturas y poemas que ella misma había creado a lo largo de su vida, amén de una colección de cajitas de té chino de las que estaba enamorada y que repartía y cambiaba por las distintas estancias. Las paredes blancas, los suelos de imitación a la madera y los muebles justos conformaban un hogar acogedor que debía estar siempre iluminado, ya fuese luz natural o artificial, para tener claridad y, en el fondo, para ahuyentar sus propios demonios.

De pronto, ahí estaba. Fue como un fogonazo, tan rápido que no pudo desviarlo. Evocó sin querer a su madre y al miedo que esta tenía a la oscuridad, a los sitios cerrados, y los ojos de Vera se humedecieron. Le pasaba siempre que la recordaba, y cada vez le ocurría con más frecuencia.

Sorteó el recuerdo abriendo el grifo de la ducha y metiéndose rápidamente debajo del chorro. De nuevo el agua la reseteaba. Dejó que recorriera su cuerpo hasta que logró mantener distancia, y la rutina volvió a ocuparla. Acabó su aseo sin rituales de belleza, solo lo necesario para desenredar su cabello e hidratar un poco su cara con el fin de aliviar la tirantez que el salitre le dejaba a diario. Sin complicaciones, sin nada que la obligara a mirarse en el espejo mucho más del tiempo necesario.

Seguidamente preparó la cena, que fue más sana que apetecible. Después intentó ocupar su cabeza, necesitaba evadirse. Probó suerte con el último libro que había sacado hacía más de dos semanas de la biblioteca. Le había costado decidirse por uno y, por más empeño que ponía, no lograba abstraerse, no como antes que aprovechaba al máximo sus horas en soledad para leer o escribir. Ahora todo le era más pesado y nada le parecía lo bastante interesante.

Miró el reloj, y la temida hora de dormir se acercaba, no porque también tuviera miedo, ¿o sí? Suspiró con fuerza mientras se quitaba las gafas y masajeaba sus ojos, como si así pudiera reorganizar su próximo movimiento, dándose tiempo aun a sabiendas de que en algún momento tendría que aparcar las órdenes simples, cotidianas, y en la tenue oscuridad, ya acostada, el mecanismo que en algún tiempo creyó no haber heredado saldría de su escondite y afloraría de nuevo, por más sepultado que creyese tenerlo.

Durante años pudo balancearlo, llegando a pensar que no tenía que ver con esas historias; a ella no le hubiera pasado tal cosa, o hubiera decidido hacer otras… Esa ligereza que te da el juzgar lo que no has padecido. Además, estaba convencida de que alguien de arriba la recompensaría por todo lo sufrido, por todos los trenes que dejó escapar. A Vera, sí, y con ella se acabaría el «maleficio». Eso fue antes, claro, de que la vida le enseñase quién era, de dónde venía y, por tanto, quién estaba siendo. antes de caer en la cuenta de que no era más que la suma de todos ellos: Vera estaba hecha de memorias, de pedacitos de sus ancestros.

Y no, nadie te premia o te tiene más estima por ser una persona buena. Una vez, en un libro que le había entusiasmado, leyó: «A la gente pobre solo le queda ser amable». De primeras no estuvo de acuerdo, pero con el paso del tiempo pudo comprobar que era cierto, no solo en ella misma, sino que en su familia el hecho de ser amables no los había sacado de pobres, y no solo a nivel material: tener almas de mártir no les proporcionó más que eso a lo largo de sus vidas. Relatos compartidos con su madre de, al menos, tres de sus generaciones, a cual de todos más crudo y triste, habían calado profundamente en Vera, y en la convicción de que su destino y el de los suyos estaba escrito sin poder hacer nada para evitarlo.

Otra vez se encontró sumergida en esos pensamientos. En realidad, ya le era muy difícil desvincularse de aquellos trozos de vida que de alguna manera también hizo suyos. Al cerrar los ojos, veía esos otros, todavía azules, que contaban emocionados lo que la garganta había anudado.

Sacudió su cabeza y sacó un blíster de pastillas pequeñas, pero que encerraban un gran poder dentro de ellas: el de sumirte en un sueño artificial aunque profundo. Con los efectos secundarios le era más fácil lidiar, nada que la brisa y las olas de su mar no pudieran acabar disipando.

Amaneció y decidió salir a pasear para volver a sentir la arena bajo sus pies. Todo parecía liviano. Aunque hacía calor, no atenazaba como otras veces, incluso se olvidó sus gafas de sol; se sentía bien, caminaba por la orilla y hasta el agua de las olas que se estrellaban en ella no estaba fría.

De pronto, le pareció ver algo semienterrado donde la espuma deja lo que el mar remueve y saca. Se acercó con cautela por si su vista no había estado del todo fina y se topaba con algo muerto o desagradable, pero casi al llegar a su misma altura pudo comprobar que se trataba de una caracola de mar bastante grande. Notó su dureza con la yema de sus dedos y excavó para poder sacarla por completo. Sí, era una hermosa caracola de las que oyes hablar o que la gente se encuentra. Eso que les pasa a otros, sí, le acababa de pasar a ella. Estaba entusiasmada y empezó a pensar en qué lugar de su pequeña casa luciría más. La lavó con esmero, la dejó reluciente, pero antes de volver quiso escuchar el mar dentro de ella pensando en que las noches serían a partir de ahora un poco más llevaderas, podría ponérsela en su mesilla, y, quizá, su sueño...

«Vera». De pronto, un susurro estremecedor salió de la concha causando una fuerte impresión en ella. Fue como emerger del agua cuando no se calcula bien y la falta de aire te lleva a salir de forma casi desesperada. Abrió mucho los ojos y aspiró una gran bocanada, pero alrededor de ella no había agua, tan solo sus sabanas estaban empapadas. Tuvo que reconocer el lugar durante unos minutos, porque no tenía muy claro dónde estaba y, después, aceptar que solo había sido un sueño y que el día empezaría con una horrible migraña.

El día se eternizaba cuando uno de sus peores males la acuciaba. La dejaba sin fuerzas ni energía, vagaba por la casa intentando descansar sin poder. A todo esto se unía la desazón que le había producido la experiencia onírica y tenía los nervios de punta. Experiencia sí, porque había tenido sueños raros, pero no como ese. Se retrotraía a él una y otra vez y lo recordaba perfectamente; hasta en sus dedos sentía todavía el tacto de la concha, pero, sobre todo, esa voz diciendo su nombre, que la inquietaba y atraía a partes iguales.

Gracias al café del mediodía y al analgésico empezó a salir del atolladero mental. Se dedicó a navegar por internet buscando desde el significado de soñar con caracolas hasta simbolismos y leyendas con alguna reseña un tanto perturbadora. La mayoría la asociaban con el agua, el origen de la vida, el infinito; otras contaban cómo eran usadas para evocar a los ancestros y dioses, recordando al ser humano que los designios divinos debían cumplirse; pero también se vinculaban al infierno y al mundo de los muertos; se usaban a modo de cuerno provocando un sonido aterrador. Vera repasó la escena del sueño. «Solo fue una voz», se dijo, dedicándose una mueca por tener que autoconvencerse.

Estaba saturada. Cuando encontró un párrafo que trataba el tema desde un aspecto más psicológico, y la frase «se da en personas cíclicas que viven bajo un patrón preestablecido», hizo que casi todo lo leído cayera como una torre de naipes. Aceptó que eso era lo más acertado, pues así era como ella y los suyos habían vivido.

De pronto, levantó la cabeza por encima del ordenador y salvo la luz que irradiaba la pantalla, todo estaba ya prácticamente a oscuras. Las horas habían pasado sin darse cuenta. Por inercia se levantó demasiado rápida, tropezó con la pata de una de las sillas que se agrupaban alrededor de la mesa y por un momento creyó que caería al suelo. El corazón empezó a palpitarle fuertemente y el cuerpo le temblaba, había pasado de cero a cien, estaba desbocada. Logró mantener el equilibrio y de un manotazo acertó con el interruptor.

Quiso calmarse intentando aspirar y contener por algunos segundos el aire, pero solo llorando lo logró. Inevitablemente volvieron los ojos claros de su madre, pero también los de su abuela de dos colores (uno marrón, como los de Vera; el otro blanco y gris, sin vida), y, como una losa, las palabras en su cabeza: «Le dolía tanto la cabeza, le dolió hasta que se quedó ciega».

Abatida, le costó recomponerse, pero tenía que hacerlo, sabía que si no dejaba de llorar la migraña regresaría con más fuerza y a eso sí le tenía miedo. Resolvió que con un baño de esencias y otras combinadas por un especialista bajo su lengua, podría volver a tomar distancia de sí misma, al menos la suficiente, y pasar una noche más o menos tranquila.

Fue rápida preparándolo, no quería ser vencida de nuevo por ninguno de sus recuerdos. Se despojó de su bata y se metió en el agua. Sintió como si se descargara y un suspiro de alivio salió de su yo más profundo. Con los ojos cerrados intentó llevar a cabo alguna técnica de relajación, adentrarse en la quietud de un mar en calma con sus sonidos característicos de fondo para reconducir así sus emociones, sus pensamientos y no dejar que fuese al revés.

Se visualizó flotando y el agua de la bañera la ayudó a crearlo. Sus tenues ondas hacían que casi llegase a confundirlo con las olas, cuando estas no son impetuosas. Creyó salir del bucle, por una vez ella había vencido. Se sentía, como dicen, empoderada. Aunque pareciera algo sencillo, para Vera no caer en lo mismo tras una pérdida de control como la que había sufrido era toda una victoria.

Pero solo lo creyó. Notó un movimiento brusco de repente en el agua y por un segundo pensó que de veras estaba inmersa en aquella meditación, pero al mismo tiempo en un acto reflejo abrió los ojos y frente a ella se erguía un ser de cuatro brazos, cabello largo y oscuro que se veía envuelto en algas. Miraba poderosamente a Vera, que estaba paralizada por la escena, y sin dejar de hacerlo con una de sus manos sacó del agua una caracola, la misma que en el último sueño, y la tañó tan fuerte que hizo que Vera reaccionase al unísono con un grito desgarrador.

Sentía mucho frío, estaba helada, su cabello húmedo le tapaba la cara, las sienes le palpitaban y la misma sensación agónica se había instalado de nuevo. Pero algo había cambiado. Vera ya no estaba dispuesta a aceptarlo. Se armó en un último esfuerzo, cargó su café y dobló su dosis de analgésico y opiáceo. Mientras aguardaba pacientemente a que la tormenta amainara, la moviola de sus recuerdos se puso en marcha.

Las injusticias, la enfermedad, la desolación como formas de vida; la empatía que sintieron ella y su familia por otras personas que también sufrieron y que su final tampoco resultó halagüeño, a diferencia de otros a los que sí se les concedió una buena vida en todos o casi todos los aspectos. ¿Por qué? ¿Qué le esperaba a Vera? Dolor, melancolía, ceguera… Podía no haber sido dueña de su destino desde el momento en que estuvo en el vientre de su madre, pero sí podía ser la que decidiera cómo y hasta dónde enfrentarlo. Pensó en dejarlo, en dejarse arrastrar de una vez por la marea.

Sumida entre el sueño y una febrícula que empezaba a enfermarla, comenzó a ir más allá de sus recuerdos, a agolpar imágenes, flashes, destellos de luces y sombras. Algunos parecían reales; otros no alcanzaba a retenerlos lo suficiente para darles forma. Creyó que era la antesala de caer en lo profundo del abismo y, en el fondo, deseaba fluir con aquello, dejar de resistirse, de temer a lo desconocido.

Salió de aquel líquido que parecía agua, puro, amniótico, con el que la luz de la luna se mezclaba. Emergió como una especie de sirena sin cola de ojos grandes y piel tatuada, y lo hizo no porque le faltase el aire, sino porque debía acudir a la llamada, pues su Dios de cuatro brazos y cabello envuelto en algas, ése al que todos veneraban, necesitaba de sus guerreros para cumplir las misiones y designios que aguardaban.

Al congregarse con sus iguales, las buscó con la mirada, y allí estaban: un par de ojos azules y otros, como los de ella, marrones, que también la miraban, empoderados y sabios, preparados para cualquier batalla. Pero también conmovidos y llenos de eso que siempre las había unido: un amor profundo, perenne y único parecido al infinito.

BISABUELA

A mi pedacito perdido de mi línea ancestral.

Sé muy poco de ti, y de tan poco solo alcanzo a tu sufrir. Por no quedar, no quedó rastro siquiera en algún envejecido retrato, ni tu nombre puedo reflejar aquí.

Te marchaste muy temprano, demasiado, y tu esposo, mi bisabuelo, en otro árbol se quiso enraizar. A él agradezco y honro su parte, por mi parte, nada más.

Pero tú perteneces a este nuestro linaje materno. Yo te traje de vuelta, y con esto quiero que sepas que fuiste, que eres, que estás. Porque donde de veras empezó a fraguar esta idea fue en tu mismo vientre, la morada que albergó la savia de mi sabia y con ella mi madre, mis hermanas y yo.

Pero sigue, aunque seguro que ya lo sabes desde alguna parte y, por eso y por muchos que vendrán, yo te doy las gracias, te honro y te libero de todo pesar.

IAIA

Recuerdo tus manos, incluso su tacto,
curtidas por el tiempo
y, sin embargo, suaves.
Lo sé.
Lo tengo guardado
como guardada mi añoranza
es a tu ausencia,
como se guarda la honda tristeza:
simula olvidarse vestida por capas
mientras exuda sin tregua.

Atesoro tu legado que carece de ducados
y no quiero más que volver
al armario de escondite
bajo el techo de mi estirpe
impregnado del olor a malta
que envolvía la casa;
y al *cinquet* y mis trampas
que fingías no ver.
«Cristinita, marinera», me decías.
Y yo te preguntaba:
«*Iaia*, ¿cuándo vas a volver?».

IAIO

No hay olor que te recuerde
ni tacto o voz reconociera,
pero he visto la sonrisa
de tus ojos, que imagino violetas,
y contemplándolos despiertas
mis anhelos que, de antaño,
quisieron seguirte de cerca.

Convertido en la vigilia,
por mis sueños de puntillas
navegando aun sin memoria,
pero a través de ella asomas.
Yo te espero por si regresas
y me cuentas que ya sabes
cómo nacen las estrellas.

PRELUDIO (LOREN)

Quisiera haberme reflejado en tus ojos,
que del mar salieron pintados,
o tan siquiera ser brisa
que a su paso bordeó tus labios
convirtiéndose en sonrisa.
Hubiese sido hasta extraña desconocida
con tal de oír tu voz, aunque lejana de la mía.

Pero no sé qué oscuro augurio
se posó en tus sueños,
no sé cuándo fue que cambió el viento
que hizo invierno sin haberlo,
despertándome de un letargo eterno.

Conjurado el destino murmuraba su secreto,
mientras yo crecía dentro
de otra vida que intentaba con la mía
no echarte tanto de menos.

Mas eso nunca pude hacerlo
porque sin conocerte yo también
te eché de menos.

Y mi tiempo no recuerda,
Pero, a partir de este, espera,
que desde donde te encuentres sepas
que seguimos extrañando tu presencia.

MAMÁ

Claro de luna reflejado en tu tez,
tatuada en tu piel,
se adivina en tu mirada.
«Regida estoy por su influjo»,
dices riendo,
y a cada lado surgen hoyuelos.

Pero nada más lejos,
cabal, tierna tenaz,
de la bondad eres dogma,
y no por ser divinidad, sino que quizá
tanta humanidad te desborda.

Hacedora de bienes,
pues milagros nos confieres
aliviando al enfermo,
sirves de amparo y sosiego.
No conoces rencores,
pues darías agua a las hienas
aun estando presa
en sus mismas fauces.

¿Y qué hay de ti en mí?
¿Sería vano decirlo?
Lo miro y lo vuelvo a mirar.
Todavía me cuesta creerlo,
pero ahí estás:
de tu simiente, sin dudarlo, la mía.
¡Lo más bonito!

CRISTINA

En la mitad invisible,
aquella que escribe y calla
muda su alma guardada.
Perdida se siente
y siente que el juicio se nubla.
Llora desconsolada,
absurda por amar a quien ama,
por no ser lo que parece.
¡Si supiesen de su andar por la cuerda floja!

Abrumada, lanza la mirada al cielo
buscando la brecha por donde se parta
el trueno que de su torre
derribe hasta los cimientos,
adobe de memorias esculpidas
aprendidas a fuego lento.

Temerosa y a su vez temida,
de su mitad queda en el medio
y suspendida espera siempre
que el sol o el viento la lleven
a lugares etéreos.
Pero él es quien tira, el que la envuelve,

hace que pise de nuevo la tierra
que en ella germinó e hizo nacer
de todas la más linda flor.

Pues tan cierto como fue, es y lo seguirá siendo,
eterno y a través de los tiempos
mi príncipe tan amado, mi pequeño.

BISABUELO

Comienzo esta página con mucho respeto, ignorante del sentir que llevó a mi bisabuelo paterno a emprender el vuelo por sí mismo. En él no estuvo presente la idea de conocernos, y no por desarraigo ni desapego. Desgraciadamente, debió atravesar tal angustia en más de un momento, que decidió no llegar a convertirse en una carga para los suyos.

Contemplándolo aun después de tanta vida pasada, no he conseguido averiguar cuánta tristeza y soledad le embargaron para dar ese paso. Porque, aunque digan que ese acto es de cobardes, yo no lo creo, nadie sabe qué grado de desesperanza siente una persona. Nadie es quién para juzgarlo.

Deseo, pues, con estas letras que tu dolor, sea cual fuere, haya sanado, que de veras hayas encontrado descanso y que el reflejo de esto, si está en mí o en los míos, también acabe sanando.

A su hijo, mi abuelo, tampoco pude conocerlo, pero sí me han contado que tenía un puesto de frutos secos y que a Mari, que así llamaba a mi madre, siempre le daba un puñado de cacahuetes con sus manos regordetas; que su apellido venía con raza calé impregnado, al igual que sus rasgos, heredados casi idénticos por alguno de sus hijos (mi padre, uno de ellos). A veces me lleva a imaginar que mis antepasados bien pudieron ser artistas zíngaros venidos desde cualquier país lejano.

Encarna era mi abuela y entre ellos, sin saber las razones, se cambiaban los nombres: a mi abuelo le llamaba marido en vez de Eugenio, que era su nombre, y él, por su parte, Irene. A ella sí la conocí, sí llegué a sentarme en sus rodillas y, de seguro, a dormir en su regazo. Era alta, de pelo cano, y recuerdo que cuando pasaba unos días con nosotros algunas noches hablaba en sueños. Disfrutaba viéndome bailar frente a la tele y, en esencia, de todas las monerías que hacíamos cada uno de sus nietos. Así siguió siendo hasta que una mañana se sintió mal, se volvió a recostar y ya no despertó más, igual que le pasó a marido, mi abuelo.

PAPÁ

Farolillos rojos corean
el son de un viento silencioso,
enclave mágico que une a sirenas y monstruos
con guardianes del castillo y ogros.
Y mientras noto cómo me hago pequeña,
me retrotraigo
e intento adivinar dónde quedó Pirinii
o mi querido enano saltarín,
aunque malvado,
en qué lado del jardín de infancia lo dejé
y cómo podría hacerlo regresar a mi lado.

De tu mano conocí los cuentos, fábulas grabadas en casete que aún conservo, pero también las historias de Pirinii completamente cotidianas e inventadas por ti. Y si me lo propongo, todavía puedo evocar en tu voz la llamada: «Piriniii».

Sé que gracias a ellas pude construir mi universo interno, ese tan necesario para poder lidiar en este otro tan real en el que no pudimos entendernos. Sin duda, heredé muchas cosas de ti: el gusto por la lectura, el gusanillo de escribir, pero también esa parte oscura que sumerge al pisciano, esa necesidad de vivir hacia dentro, de querer aislarnos; de perdernos en la cuenta de cuántas veces tuvimos que morir como el pez, cuántas me quedarán o habremos saldado, a veces por tozudez y otras por el sentir exacerbado, ese que aún hace sufrir al niño que no curamos.

Había tanto que perdonar que fue imposible dejarlo ir para sanarlo y ahora, pasado el tiempo, habiendo parado a recobrar el aliento, empiezo a comprender, cuando tú ya no estás en este plano o dimensión, no importa cómo lo llamemos.

Ojalá hubieses podido llegar a leerlo. Sé que te hubiese hecho bien vernos aquí reflejados.

Esto es para ti, para honrar tu memoria, pero, ante todo, para que ambos sanemos: tú, donde estés, si todavía no lo has hecho, y yo para poder continuar, para poder seguir aprendiendo.

«RAINDROPS KEEP FALLING ON MY HEAD»

Dedicado a mis tíos Romero y Concha

Se entremezclan sus acordes
con el llanto contenido,
y vuestro retrato al fondo,
ajenos a todo, desentona
con el frío mármol del entorno.

Dejo de veros tras la impersonal cortina
roja tupida
y con vosotros el último vestigio
recorte de mi infancia,
parece que se evapora.

Nada es ya lo que era,
nada volverá a serlo.
Todos, cabizbajos, encajamos
no solo la pérdida,
no solo el hecho,
mientras mi primo llora desconsolado
y yo lo lamento tanto…

VICENTE

Todavía lo recuerdo si dejo mi mirada perdida en un punto: el cabello ensortijado, ojos despistados en el fondo como de no saber si se está perdido en la superficie, tan solo si es esa la parada en la que debe quedarse esperando.

Y al segundo me reconoce. Lo reconozco por los rasgos inequívocos de una estirpe que nos delata, que nos une, la sangre que llama. Y sí, lo reconozco, pero no se parece a la imagen que yo tenía guardada, allí donde los recuerdos permanecen algunos intactos y otros, para bien o para mal, se desvanecen. Sin embargo, el suyo era claro, quizá porque prácticamente se repetía cambiando muy poco los escenarios (bodas, bautizos y comuniones), pero siempre regidos por una jerarquía invisible, aunque palpable, capaz de crear abismos aun estando juntos en el mismo espacio.

Pero bajo esa perspectiva, y mirándolo con mis ojos de niña, había algo que llamaba mi atención, un cierto porte señorial en él, distinguido; pelo engominado, raya al lado, trajeado, educado, muy educado, pareciera sacado de alguna novela, un galán de esos de época.

Ahora, frente a frente adulta ya, él todavía más, esa distancia absurda ya no existía, todo eso que nos hizo vernos de lejos había desaparecido. Seguía siendo igual de educado y su porte, aunque ya no señorial, distinguido, y no por sus apellidos ni, por supuesto, por sus rasgos inequívocos. Sencillamente era él, pero ya sin aparentar, sin tener que vivir encorsetado. Hablamos y reímos como si ese abismo no hubiera sido tal y se disipara como el humo de su cigarrillo.

En esas se acercó un autobús y, aunque dudó si cogerlo o no, acabó subiendo y nos despedimos. Él siguió su camino, yo el mío, pero recuerdo caminar contenta contemplando la idea de que eso se convirtiera en un comienzo de estrechar lazos familiares, de compartir momentos.

Pasado un tiempo alguien decidió que eso nunca sucediera. Lastimó su corazón de una forma tan vilmente certera que súbito apagó su latido y se acabó.

A aquella vela encendida y al poema improvisado de hace más de doce años hoy yo también me uno con este humilde alegato, esperando que sigas desde donde estés liderando el llamado como hacías defendiendo al agraviado. Sanado y libre ya de todo mal, guerrero fiel de verdes pastos.

ANA

Ana de clarísimos azules,
dicen que partiste
porque te faltó el aire
y que tu voz no acertó a salir
de tus profundidades.

Incrédula, aún hoy. tu semblante
frente a mí sigue sin palidecerse.
No consigo, no concibo
imaginarte inerte.

Pero el rumor corrió y como una losa
tomó forma, absurda, horrible, real,
y dejé de verte y oírte sin más.

Ana de mis tejas verdes,
poesía prometida e inacabada eres.
Mi pluma así se rebela,
no quiere acabar narrándote.

Y en medio de tan profunda incomprensión,
de pronto entiendo, bendita intuición.
Ana no es poema

porque sin final no hay tal.
Ella es el principio de mi cuento
que comienza...

CUENTO

Había una vez un hada
de cabellos dorados,
de esos que tienen las hadas,
de clarísimos y dulces azules en su mirada,
que tuvo que marcharse rauda
junto a otras criaturas del bosque.
Abedules, pinos y flores los rodeaban
y justo en mitad de aquel paraje
un riachuelo de agua templada emanaba.

De tanto en tanto, el hada y demás fauna
a sus orillas se sentaban,
y mientras remojaban sus pies canturreaban
dulces nanas, esperando acudir a la llamada
de los gorriones que, desde el cielo, les silbaban.

MI NIÑA

Despertad, vamos, despertad,
que los gorriones vinieron a anunciar
que alguien está por llegar.

Volad, hadas, volad
hasta donde el sueño
se está haciendo realidad,
y procurad
que agua de burbujas y coral
mi niña pueda navegar.

Duendes, gnomos, venid a tararear
dulces nanas susurrantes
para sus noches acunar,
siendo de lenta calma amada
su despertar.

Que suenen ya las campanitas,
que al ángel le den sus alas a ganar
para que a mi niña venga a guardar,
y con ellas traiga peladillas,
flores y caricias
envueltas en paz.

Y cuando el otoño apenas se empiece a notar,
y la promesa de los gorriones
casi sea algo más,
pediremos al cielo mil lucecitas,
que de luciérnagas serán,
para así poder alumbrar
la llegada de esa niña
que mucho antes de nacida quise ya.

Mi niño

Regresaron los gorriones con sus cantos
a avisar a las hadas, a los duendes,
que una vez vinieron a anidar,
pues de nuevo un lucero pequeñito
estaba por llegar.

Y ahí, donde antes mi niñita,
entre el nenúfar y el sueño,
ahora todos volverían
con sus nanas y sus cuentos
a arrullar al lucerito
en las noches de invierno
y a mecerlo, si sollozara despierto.

Repicaron las campanas al compás
para poder alar al ángel
que aguardando esperaba guardar
con más peladillas dulces, más caricias y más paz.

Y fue mayo quien mandó a la primavera
llamar para que en sí misma volviera
e hiciera brotar las más lindas flores
y, por ende, evocar

aquella luz de luciérnagas,
y con su estela guiar
al lucerito, sabiendo
cuánto amor le esperaba ya.

MI VIDA

Querubín de querubines,
tu nombre es luz para el resto,
alegría desbordante de júbilo certero.
Entonces te siento
y en mí caben de ellos infinitos matices,
tan bellos que desde mi ser se esparcen
conformando mi sueño.

Dulce brisa meciendo mientras desvistes
mi inquieto resuello
trayendo contigo la paz
del ansiado sosiego,
respiro profundo que convierto en anhelo
de tenerte entre mis brazos.

Tú aconteces, abrigas intenso
como un sol de mediodía
en las noches de invierno.
Por ti susurré a los gorriones
que con sus cantos te acogieron
y al unísono las hadas, los elfos,
retomaron presurosos
las mismas nanas, los mismos cuentos,

que a mis niños arroparon,
sirviendo en herencia ahora
a mi pececito que, sinuoso,
parece que flota.

Tú me envuelves serena, sanas mi alma,
y no esperas más que te quiera,
pues eres mi principio, mi medio,
eres mi credo,
mi candil en la espesura,
mi amor, sin lugar a dudas.

A MI MAGA SANADORA

Regalada, como cumpliendo un deseo. Al segundo lo supe, tras sus primeros acordes. Su voz dulce sonaba por encima de un riachuelo. Solo hay que pararse a escucharla o mirar su rostro afable para intuir que algo tiene de ángel, o que anda muy cerquita de ellos

Entre respiraciones profundas te acoge, te vas reconociendo y, sencillamente, empieza a contarte un cuento, como antaño hicieron o debieron hacer nuestros mayores cuando fuimos pequeños Y sí, te quedas a escucharla, porque desde el principio sabe de arrullos concretos de esos que mecen al niño que llevas dentro, ese que quedó rezagado, triste o asustado y no caímos en la cuenta, quizá hasta ese preciso momento. Nos va devolviendo despacio la paz que perdemos y a lo que casi nos hemos acostumbrado.

Ella te da la llave, otra forma de entender lo que nos está ocurriendo, y te ayuda a afrontar, a vivir esta vida a veces cruda de una manera más liviana, hace que te sientas más sereno.

Y todo fluye, como ella dice, se va tejiendo, a través de esa prosa maravillosa que muchas veces acaba en verso. Es el don de la palabra que tiene, que tienen mis magas, pero no solo eso, es la conjunción de sutiles matices que mi mano no alcanza para acercarnos al boceto.

La dimensión, la vuelta de la caricia sanadora que hace brotar las lágrimas que curan el alma y, al mismo tiempo, en el fondo, siempre te cuenta al oído la misma historia, esa que cimenta, que insta, que arma y, para mí, la más importante de todas: la de «YO SOY, YO MEREZCO, YO SOY VALIOSA».

Ella puso también en este libro su granito dándome la perspectiva de sanar a mis parientes y a mí misma. Escuchándola entendí que no solo son antepasados ancestrales, sino que existe una línea de pares que son nuestros tíos, primos, hermanos, incluso personas que en algún momento conocimos y nos marcaron.

Al tomar consciencia, tienes ante ti la posibilidad de ser reparador de tu clan, evitando así repetir patrones erróneos de unos u otros, liberando a las generaciones que nos suceden y a las venideras que de ellos desciendan.

Gracias.

A MI MEIGA CONTADORA

Había una vez un libro que encontré por casualidad en la parte más alta de la última estantería de la biblioteca de donde vivo. Atraída lo cogí, pues, por suerte para mí, en él no descansaba ningún otro y pude ver en su portada que, sin mucha floritura, había un árbol dibujado. En aquel momento no comprendí que fue el principio, no vi la señal, el guiño, solo pensé en llegar a casa y sumergirme en sus páginas. Fue entonces cuando ese nexo invisible empezó a descubrirse al emocionarme con sus primeros párrafos por lo que contaban y de qué forma estaba contado.

No me había pasado nunca en todo lo que llevo leído sentirme acompañada de esa forma por un libro y quise saber más de él, de su autora, y entendí por qué era maga o meiga. No importa, tenía la capacidad de transportar, de hacerte imaginar con los cinco sentidos, no solo con sus palabras escritas, sino también con su voz con tintas de alma.

Con ella podías casi oler un festín al son de música barroca, adentrarte en las fábulas con suaves toques tibetanos o saber más sobre la vida de la gran Rosalía de Castro.

Y mientras yo volvía a releer sus historias, un deseo iba forjándose, empezaba a tomar forma, y lo que era un batiburrillo de ideas e ilusiones frustradas fue dejando de dar tanto miedo. Por primera vez me atreví a visualizar que sería capaz de darles voz y lugar a los míos, liberarnos y sanar a través de la savia ancestral, sentarnos a la sombra de nuestro propio cuento.

Charo fue la lucecita que alumbró los primeros pasos de este camino. Gracias a las hojas de ese árbol magistral yo encontré la guía para escribir desde la más sincera humildad el mío.

Gracias.

A MIS OTRAS MAG@S

Soy afortunada porque entre tantas cosas siempre hay personas que te aligeran la carga, te ofrecen un respiro o comparten contigo nexos en más de una historia y te invitan a ver las cosas con otra mirada.

Consejeras sabias, algunas saben de calderos, velas y aromas; otras también de vidas pasadas, añadiendo luz al misterio tan necesario, creo, para entender que somos más que un cuerpo y que la enfermedad o la pobreza pueden surgir del reflejo de patrones aprendidos. Al fin y al cabo, todos venimos de nuestros ancestros, y si heredamos rasgos físicos y genéticos por qué no traumas o heridas no resueltas. Otras también hacen magia cotidiana, que no fácil, convirtiéndose en malabaristas que concilian mil tareas y siempre están dispuestas a escucharte o tener el genial chascarrillo, la palabra clave, para hacerte reír y sentir que sí existe la simbiosis.

Pilares fundamentales, madres, padres, que se enfundan sus penas y salen a la calle con admirable entereza, que te alientan con su ejemplo porque nada los amedrenta ni les impide seguir adelante. A todos ellos también les doy las gracias.

OREJITA DE HADA

Impropia tristeza en mis párvulos luceros.
Aquellos, ¿de qué me quisieron hablar?
¿Que con el tiempo ella se irá
y de lo frágil de la luz en este lado del velo?

Avizores apagados en castaño horadados,
recuerdo, angelito acallado,
¿qué me quisieras contar?
¿Que la tenue luz prenderá sola en su recuerdo
o cuán lejos quedará mi hogar,
mi otro yo, mi mitad?

Interna en mí debo sanarme
como dice mi maga de palabras suaves;
acunarme, cantarme en sigilo
que ahora, orejita de hada,
todo cobra sentido.

Y las señas que antaño mis ojos no vieron
desvelan un mapa lleno de amor escondido,
pues mi sabia, mi príncipe,
siempre conmigo estuvieron
sosteniéndome, coronando mi frente,

blanca y tierna armiñada,
hasta que se hizo fuerte,
camuflados, esperando
entre ocres cenefas de papel pintado.

A MEDIAS

A medias mis orejas de hada,
legados mis pies de medianas tierras,
descalza, desnuda, despierta
me enraízo, soy devuelta,
me reencuentro bautizada
hija de mi madre Gaia.

Y al unísono lanzo mi ser al cosmos,
al universo, y me baño con la luz
que desprende, y lo condenso,
vientre, corazón, alma y garganta
se coronan siendo uno.

Y a través de mi aura ya dorada
la puerta se abre, el camino me espera.
El caudal que de mi fuente emana
es puro y me conecta,
y deslizándose despacio
el llamado se libera.

Índice